编委会

主　编：李　唯

编委会：黄蓓红　王　杰　吴湘梅　范营媛
　　　　王凯莉　饶珊珊　何佳华　曹　聪
　　　　胡　禛　杨秋玲　李亚文　毛婷婷
　　　　黄茹燕　陈怀超

我的微笑很灿烂

李唯◎主编

中国大百科全书出版社　知识出版社

图书在版编目（CIP）数据

我的微笑很灿烂 / 李唯主编 . —— 北京：知识出版
社，2023.1
（小学生生命关怀书系）
ISBN 978-7-5215-0103-2

Ⅰ . ①我… Ⅱ . ①李… Ⅲ . ①心理健康 – 健康教育 –
小学 – 教学参考资料 Ⅳ . ① G444

中国版本图书馆 CIP 数据核字（2020）第 004838 号

我的微笑很灿烂　　　李　唯　主编

出 版 人：姜钦云
责任编辑：王云霞
责任印制：李宝丰
出版发行：知识出版社
地　　址：北京市西城区阜成门北大街 17 号
邮　　编：100037
网　　址：http://www.ecph.com.cn
电　　话：010-88390659
印　　刷：天津光之彩印刷有限公司
开　　本：650 毫米 ×920 毫米　1/16
字　　数：60 千字
印　　张：9.25
版　　次：2023 年 1 月第 1 版
印　　次：2023 年 3 月第 1 次印刷
书　　号：ISBN　978-7-5215-0103-2
定　　价：25.00 元

"小学生生命关怀书系"序言

李唯校长和她的同事们秉承"生命关怀为本、幸福发展至上"理念所编著的"小学生生命关怀书系"即将出版，可喜可贺。李校长嘱托我写序，我对这套书系所涉猎的主题也十分感兴趣，特坦言两点体会，以作交流。

一、关怀的关键在于关怀关系的建立

主张教育要"生命关怀为本"是非常正确的；但是，广大教育工作者需要谨记在心的是：关怀的关键在于关怀关系的建立。

关怀并不是一种事先就存在的事物，关怀只会发生在关怀关系之中。美国著名教育哲学家内尔·诺丁斯所言"关怀是一种关系",最大的理论贡献即在这里。若教师或者学生只是在单方面"想"关怀他人,或者只是单方面按照自己的想象去开展所谓"关怀"他人的活动,关怀十有八九不会真实发生。许多关怀失败的教师、家长都抱怨学生说,自己为孩子们"操碎了心",孩子们却一丁点儿都不领情,所以孩子都是"白眼狼"。殊不知,问题不在学生,而在教育者自身的所谓关怀并没有建立在真正的"关怀关系"之上。一个不能设身处地站在对方(被关怀者)立场上想问题,不能真正理解、切实感动、有效帮助到对方,不能让对方"有获得感"的人,是不可能实施有效关怀的。

所以,重点不是要不要关怀,而是如何实现有效的关怀。关怀教育不是单方面的认知、情感的品德培育,关怀能力提升的关键在于培育关怀者实现"动机移置",建立关怀关系的意识、情感与能力。

二、幸福生活是对肤浅快乐的超越

幸福生活是人生的终极追求,当然也是教育的根本目标。

"幸福发展至上"的理念是完全正确的。理解幸福的关键在于：幸福生活应当是对肤浅快乐的超越。

在日常生活里，许多人将幸福与快乐相等同。喝一瓶啤酒也"幸福死啦"，故儿童的幸福有可能就是满地撒欢那种令人感动的感性的"欢快"。如果这样理解幸福，幸福的教育就会让孩子在快感中沉沦，真正的教育永远都不会发生。

应该承认，完整的童年是需要"快乐"，包括游戏等的快乐的；但教育最需要提供的，不是肤浅的快乐，而是精神的愉悦。"幸福发展"一方面是身心健康、劳逸结合、自由个性意义上的"全面发展"；另一方面，也许更重要的应当是：孩子通过教育愉快学习，进而通过愉快学习获得精神上的享用——孩子们当下就能获得对已有人类文化的欣赏、掌握的愉悦，更有创造新文化、推进新文明的幸福。因此，教育活动追求内容与形式上的"美感"十分重要。因为在对教育内容与形式之美的欣赏中，孩子们获得的一定是精神意义上的幸福感。

由衷希望"小学生生命关怀书系"对"生命关怀为本、幸福发展至上"理念的用心坚持能够对有相同追求的教育界同人有借鉴意义。

檀传宝

2021 年 2 月 24 日　于京师园三乐居

（檀传宝，北京师范大学教育学部教授、学部学术委员会主席，北京师范大学公民与道德教育研究中心主任，全国德育学术委员会理事长）

微笑

微笑是人世间最动听的语言，虽无声，却扣人心弦；

微笑是人世间最美好的表情，虽无色，却赏心悦目；

微笑是人世间最简单的动作，虽无形，却令人难忘……

微笑是阳光，给万物生长带来了希望；

微笑是雨露，润泽了无数干涸的心田；

微笑是彩虹，让世界变得色彩斑斓……

微笑是善意,

微笑是鼓励,

微笑是宽容,

微笑是期待,

微笑是满满的关怀和爱……

——李唯

目 录

第一课
dì yī kè

我的微笑很灿烂
wǒ de wēi xiào hěn càn làn

同学们，你们了解微笑的力量吗？现在，就让我们一起来感受吧！期待从这一刻开始，微笑和我们的生命形影不离。

2

十二次微笑

飞机起飞前，一位乘客请求空姐给他倒一杯水吃药。空姐很有礼貌地说："先生，为了您的安全，请稍等片刻。等飞机进入平稳飞行状态后，我会立刻把水给您送过来，好吗？"

15分钟后，飞机早已进入了平稳飞行状态。突然，乘客服务铃急促地响了起来，空姐猛然意识到：糟了，由于太忙，她忘记给那位乘客倒水了！空姐来到客舱，看见按响服务铃的果然是刚才那位乘客。她小心翼翼地把水送到那位乘客跟前，面带微笑地说："先生，实在对不起，由于我的疏忽，延误了您吃药的时间，非常抱歉。"这位乘客抬起左手，指着手表说道："怎么回事？有你这样服务的吗？"空姐手里端着水，心里感到很委屈，但无论她怎么解释，这位挑剔的乘客都不肯原谅她。

接下来的飞行途中，为了补偿自

己的过失，每次去客舱给乘客服务时，空姐都会特意走到那位乘客面前，面带微笑地询问他是否需要什么帮助。然而，那位乘客余怒未消，并不理会空姐。

快到目的地时，那位乘客要求空姐把留言本给他送过去，很显然，他要投诉这名空姐。此时空姐虽然心里很委屈，但仍然非常有礼貌，面带微笑地说道："先生，请允许我再次向您表示真诚的歉意，无论您提出什么意见，我都将欣然接受您的批评！"

那位乘客脸色一紧，想说点什么，却

没有开口。他接过留言本，开始在本子上写了起来。

等到飞机安全降落，所有的乘客陆续离开后，空姐本以为这下完了，没想到，等她打开留言本，却惊奇地发现，那位乘客在本子上写下的并不是投诉信，相反，这是一封热情洋溢的表扬信。

xiǎo zǔ hé zuò
小组合作

hé zuò　　　xiǎo zǔ jiāo liú tǎo lùn
合作 1：小组交流讨论

（1）nǐ zhī dào kōng jiě zhè ge zhí yè ma？gù shi
你知道空姐这个职业吗？故事
zhōng de kōng jiě wàng jì zuò shén me le
中的空姐忘记做什么了？

_____

_____

（2）wèi shén me kōng jiě zuì hòu shōu dào de shì biǎo yáng
为什么空姐最后收到的是表扬
xìn？biǎo yáng xìn shàng huì xiě shén me
信？表扬信上会写什么？

_____

_____

hé zuò　　　xiǎo zǔ hé zuò biǎo yǎn
合作 2：小组合作表演

qǐng hé tóng xué yì qǐ bǎ zhè ge gù shi biǎo yǎn chū lái
请和同学一起把这个故事表演出来。

活 动 1：读 一 读

chūn fēng
春风，是花草的微笑，

làng huā
浪花，是大海的微笑，

xiá guāng
霞光，是清晨的微笑，

cǎi hóng
彩虹，是天空的微笑。

miàn duì bà mā xiào yi xiào　　xiè xie bǎ wǒ lái guān zhào
面对爸妈笑一笑，谢谢把我来关照，

yù jiàn lù rén xiào yi xiào　　kāi xīn píng ān dào xué xiào
遇见路人笑一笑，开心平安到学校，

kàn dào lǎo shī xiào yi xiào　　qīn qiè wèn hòu quán sòng dào
看到老师笑一笑，亲切问候全送到，

yù dào tóng xué xiào yi xiào　　hù zhù xué xí lè táo táo
遇到同学笑一笑，互助学习乐陶陶。

gěi zì jǐ yí gè wēi xiào　　ràng xīn qíng fàng fēi
给自己一个微笑，让心情放飞，

gěi tā rén yí gè wēi xiào　　ràng shàn yì yíng rào
给他人一个微笑，让善意萦绕，

shì shēng mìng　　jiù gāi zài wēi xiào zhōng zhàn fàng
是生命，就该在微笑中绽放，

wú lùn rú hé　　qǐng jì de wēi xiào
无论如何，请记得微笑。

活动 2：贴一贴

把你笑得最甜的一张照片贴在这里。

和同学说一说，你为什么喜欢这张照片。

看看同学们的照片，他们的照片与你的一样吗？

拓展营
tuò zhǎn yíng

拓展 1：说一说
tuò zhǎn   *shuō yi shuō*

在日常生活中，你遇到过哪些通过微笑化解矛盾，或给我们带来温暖的故事？同学之间相互说一说吧。

拓展 2：练一练
tuò zhǎn   *liàn yi liàn*

迷人的微笑是可以通过训练获得的。让我们对着镜子，练一练吧。记得回家和爸爸妈妈一起练习呀！

图 1

把手放到脸上，按照箭头的方向，一边上提嘴角，一边使嘴充满笑意。

图 2

面部肌肉放松，嘴角微微上翘，嘴唇略呈弧形。不发声音，轻轻一笑。

图 3

顶书训练，是让我们笑的时候，头不上仰，避免被人误解为骄傲，不低着头，避免让人觉得我们不大方。

图 4

轻轻咬住筷子，嘴角最大限度上扬。拿下筷子时的嘴角就是你微笑的模样，能够看到上排八颗牙齿。

第二课
dì èr kè

我的身姿很挺拔
wǒ de shēn zī hěn tǐng bá

同学们，你们有没有听说过"站如松，坐如钟"呢？只有拥有挺拔的身姿，我们才能茁壮成长！

挺拔的小白杨

在一片茂密的树林里，树家族在这里居住了数十年。有一天，一颗白杨种子掉落在地上，破土生长了起来。

几年后，小种子长成了小树苗。风雨袭来的时候，小白杨害怕极了，一直随风摇晃。妈妈说："孩子，你看他们站得多么笔直！看起来多么精神！”

小白杨撒娇道：“妈妈，现在的风这么大，我弯下腰，风就不会把我吹倒啦！”

有一天，伐木工人进入树林，把一些弯腰的树砍走了。小白杨听到妈妈说：“你必须把腰直起来，不然的话，你就会像他们一样被砍掉，当作柴火烧，直到化为灰烬。”

“那些长得笔直的树呢？他们也会被砍掉吗？”

“也许会，但是拥有挺拔站姿的

树，最终将会是这片土地的守护者。"

从那天起，不管风霜雨雪，小白杨都抬头挺胸地站在妈妈身边，远远看上去，他高大、坚挺、笔直。

冬天带来了一场大雪，很多失去妈妈庇护的树苗，都被大雪压弯了腰，而小白杨依然站得笔直，他永远记得妈妈的话："拥有最美丽身姿的树才是脚下土地世世代代的守护者。"

xiǎo zǔ hé zuò
🌀小组合作

hé zuò　　　　xiǎo zǔ jiāo liú tǎo lùn
合作 1：小组交流讨论

　　　　　　xiǎo bái yáng yì kāi shǐ wèi shén me bú yuàn yì tǐng qǐ shēn
（1）小白杨一开始为什么不愿意挺起身

tǐ
体？

_____

_____

　　　　　　xiǎo bái yáng hòu lái wèi shén me yuàn yì zhàn de hěn
（2）小白杨后来为什么愿意站得很

tǐng bá
挺拔？

_____

_____

hé zuò　　　　xiǎo zǔ hé zuò biǎo yǎn
合作 2：小组合作表演

　　　qǐng hé tóng xué yì qǐ　　bǎ zhè ge gù shi biǎo yǎn chū
请和同学一起，把这个故事表演出

lái
来。

huó dòng fáng
活 动 坊

huó dòng　　　　　tiē yi tiē　　shuō yi shuō
活 动 1：贴 一 贴，说 一 说

　　　　bǎ nǐ zuì xǐ huan de rén　　rú jiě fàng jūn zhàn shì　　de zuì
把 你 最 喜 欢 的 人（如 解 放 军 战 士）的 最

jīng shen de zhào piàn tiē zài zhè lǐ　　shuō shuo nǐ wèi shén me xǐ huan
精 神 的 照 片 贴 在 这 里 。 说 说 你 为 什 么 喜 欢 。

活 动　2：说 一 说，练 一 练

zài dú shū xiě zì shí　　　zěn yàng de zī shì cái shì zuì bàng
在 读 书 写 字 时 ，怎 样 的 姿 势 才 是 最 棒

de ne
的 呢 ？

xiě zì zuò dào sān gè　　　yī　　　　yì quán　　yì chǐ hé yí
写 字 做 到 三 个 "一"：一 拳 、一 尺 和 一

cùn　xiōng　lí zhuō zi yì quán　yǎn jing lí zhuōmiàn yì chǐ　　yì gē bo
寸 。胸 离 桌 子 一 拳 ，眼 睛 离 桌 面 一 尺 （一 胳 膊

zhǒu　　　shǒu dào bǐ jiān yí cùn　liǎng gè shǒu zhǐ tou kuān
肘 ），手 到 笔 尖 一 寸 （两 个 手 指 头 宽 ）。

活 动　3：看 一 看，走 一 走

nǐ guān chá guo jūn rén hé yùn dòngyuán dōu shì zěn yàng zǒu
你 观 察 过 军 人 和 运 动 员 都 是 怎 样 走

lù de ma　　zài lǎo shī de bāng zhù xià　　liàn xí zǒu lù zī
路 的 吗 ？在 老 师 的 帮 助 下 ，练 习 走 路 姿

shì　dà jiā lái bǐ yi bǐ　　kàn shuí néng gòu zuò dào　xíng
势 ，大 家 来 比 一 比 ，看 谁 能 够 做 到 "行

rú fēng
如 风 "。

拓展营
tuò zhǎn yíng

画一画
huà yi huà

同学们，挺拔的身姿可不是一天就能练成的，需要我们长期地坚持，形成良好的坐站行的习惯。依照下面的表格，如果自己每天做到了，就画颗星星，看看一周下来，谁得的星星最多。

	星期一	星期二	星期三	星期四	星期五	星期六	星期日
端正星（坐）							
挺拔星（站）							
如风星（行）							

第三课
dì sān kè

我的安全很重要
wǒ de ān quán hěn zhòng yào

同学们，安全无小事。任何一件危险的事情都有可能引起严重的后果。这节课，我们一起来讨论上学、放学途中以及校园中的安全问题吧。

小明的一天

周一早上，小明睡眼惺忪地从小区门口狂奔出门，边跑还边在那里嘟囔："妈妈真不靠谱，也不早点叫我起床，害我迟到了。我还想听校长国旗下的讲话呢。"

从小明家去学校需要经过一个红绿灯，穿过两条马路。小明为了赶时间，看路上没什么车，就想闯红灯赶去学校。这个时候，拐弯处突然出现一辆车，差点撞到小明。小明说道："好险，快跑，迟到了！"

小明在升旗仪式结束后才来到学校，他灰溜溜地走进了教室。因为迟到，老师罚小明放学后留下来打扫卫生。小明只能自认倒霉。下课铃声一响，小明一个箭步就冲了出去，与其他同学在走廊上追逐打闹，好几次都差点撞到其他同学。中午放学后，小明拿着拖把在地上甩来甩去，不小心把水桶撞倒了，污水洒了一地。

小明看到后，想把污水清理干净。这时，迎面跑来一个男生，他丝毫没有注意脚下，"咚"的一声摔在地上，疼得眼泛泪花，而小明却在旁边笑弯了腰，说道："哈哈哈哈，这个人怎么这么笨，居然摔倒了。"

　　班会课上，班主任跟同学们分享了这周校长在国旗下的讲话：《安全是回家唯一的道路》，小明听了，突然醒悟过来。自己今天做的事情都存在极大的安全隐患，很容易引发安全事故。小明认识到了错误，于是主动向老师、同学们道歉了。

xiǎo zǔ hé zuò
◎ 小组合作

hé zuò　　　xiǎo zǔ jiāo liú tǎo lùn
合作 1：小组交流讨论

　　xiǎo míng jīn tiān de xíng wéi zhōng　　yǒu nǎ xiē shì cún zài ān
　　小明今天的行为中，有哪些是存在安

quán yǐn huàn de
全隐患的？

_____

_____

_____

hé zuò　　　xiǎo zǔ hé zuò biǎo yǎn
合作 2：小组合作表演

　　rú guǒ nǐ shì xiǎo míng　　nǐ huì zěn me zuò　　qǐng gěi tóng
　　如果你是小明，你会怎么做？请给同

xué men biǎo yǎn chū lái
学们表演出来。

活动坊
huó dòng fáng

活动：演一演
huó dòng   yǎn yi yǎn

你正走在回家的路上，一个陌生人向你请求帮助，请你带他去学校附近的公交车站，你打算怎么做？先做小组讨论，再表演出来。

拓展营
tuò zhǎn yíng

拓展 1：校园里的安全
tuò zhǎn   xiào yuán lǐ de ān quán

同学们，你认为在校园的哪些地方不能嬉戏打闹，容易发生危险？分小组说一说，看看哪个小组说得最棒。

拓展 2：上学放学路上的安全

在下面画一幅学校及周边区域的简易地图，想想从你家到学校需要穿过几个路口？哪些地方最容易发生危险？你是怎么注意到这些危险的？请同学们说一说。

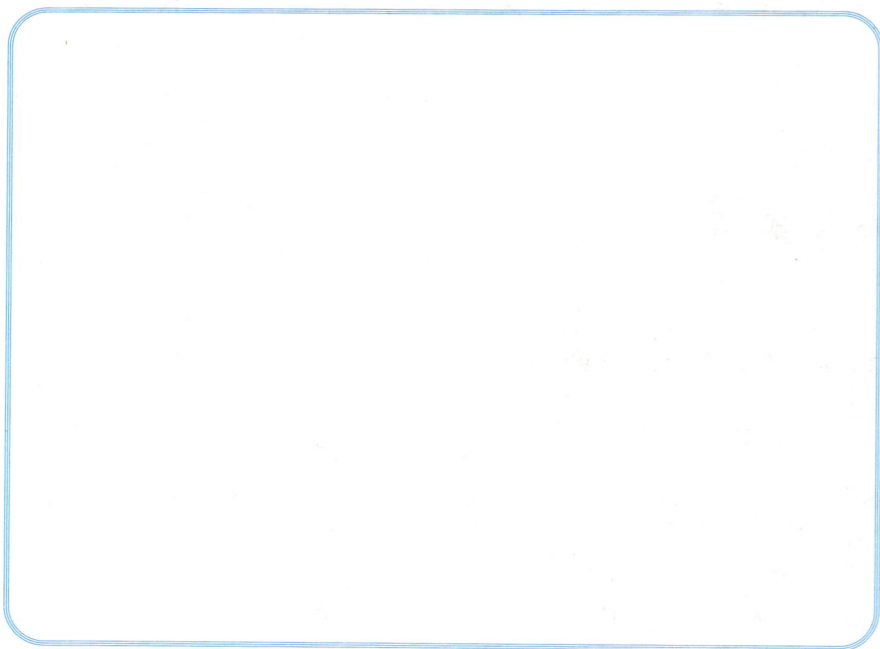

活动园地（一）

一、画画我的笑脸

huà huà wǒ de xiào liǎn

nǐ de biǎo xiàn bàng bú bàng 你的表现棒不棒？*kàn kan zì jǐ dé le jǐ* 看看自己得了几 *gè* 个 😊 。

	星期一	星期二	星期三	星期四	星期五	星期六	星期日
我微笑							
我挺拔							
我安全							

二、说说我的表现

qǐng tóng xué men shuō yi shuō zì jǐ nǎ yí jiàn shì zuò de
请 同 学 们 说 一 说， 自 己 哪 一 件 事 做 得

zuì bàng zuì kāi xīn huò zhě zì jǐ yǒu nǎ lǐ méi yǒu zuò
最 棒 、 最 开 心； 或 者， 自 己 有 哪 里 没 有 做

hǎo zhí dé fǎn sī hé gǎi jìn
好， 值 得 反 思 和 改 进。

---

xiù yi xiù shuí zuì měi
三、秀一秀，谁最美

tóng xué men shuí de shēn zī zuì měi shuí de wēi xiào zuì
同 学 们， 谁 的 身 姿 最 美？ 谁 的 微 笑 最

tián dà jiā dào tái shàng xiù yi xiù ba
甜？ 大 家 到 台 上 秀 一 秀 吧。

第四课
dì sì kè

家人的关心很温暖
jiā rén de guān xīn hěn wēn nuǎn

同学们，在我们的生命里，家人是最温暖的角色，他们的关怀和我们的成长形影不离。

妈妈的微笑

红红有一个非常幸福的家庭。今天是她上小学的第一天，妈妈为她准备了新校服和她最喜欢的荷包蛋，爸爸贴心地为她包好了新书并贴上了姓名贴。爸爸说："红红，你是爸爸妈妈的宝贝，今天是你上学的第一天，爸爸妈妈都为你加油，我们爱你。"

妈妈说：“红红，昨天你把铅笔盒放在书包的第二层了，不要忘记呀。妈妈相信你，你一定是最棒的。”

每天放学回到家，红红都会看到妈妈美丽的笑容，感受到爸爸温暖的怀抱。妈妈会细心地问：“今天上学开心吗？”发生了什么有趣的事情？妈妈的眼睛弯弯的，像小小的月亮，散发着暖暖的光。

日子就这样一天天地过去了，红红每天都非常开心地跟妈妈分享在学校里发生的事情。今天是因为回答问题得到了老师的表扬，昨天是音乐课上学了一首特别好听的歌曲。红红讲得特别生动，妈妈每次都笑得特别开心。每天放学回家，迎接红红的一定是妈妈温暖的微笑，只是红红总觉得，妈妈的皮肤好像越来越白，眼睛笑起来也越来越弯。

有一天，红红收到了需要回家完成的作业，提前回到家里。这次，迎接她的不是妈妈的微笑，而是爸爸红红的眼睛和妈妈脸上痛苦的表情。在那一瞬间，红红觉得很害怕。她觉得妈妈很痛苦，便飞快地跑到妈妈身边问道："妈妈，您怎么了？"汗水虽然打湿了妈妈的面庞，但是她仍然微笑着对红红说："红红，妈妈没事，你不要害怕。妈妈只是在和让妈妈生病的小恶魔做斗争。你看，妈妈就要赢了！"红红抱着妈妈，看着妈妈的笑脸，感受着妈妈的温暖。

接下来的日子里，妈妈住院了，红红在病床前和妈妈分享学校里发生的趣事。红红发现，妈妈变得越来越健康了，妈妈的眼睛亮亮的，脸蛋儿红红的，笑容更加温暖了。

小组合作

小组交流讨论

wèi shén me bà ba měi tiān dōu yào yōng bào wǒ

（1）为什么爸爸每天都要拥抱我，

mā ma měi tiān dōu huì duì zhe wǒ wēi xiào

妈妈每天都会对着我微笑？

_____

_____

_____

nǐ jué de shì shén me lì liàng ràng mā ma dǎ bài

（2）你觉得是什么力量让妈妈打败

le ràng rén shēng bìng de xiǎo è mó

了让人生病的小恶魔？

_____

_____

_____

huó dòng fáng
🌀 活动坊

huó dòng　　　　dú yi dú
活动 1：读一读

yóu zǐ yín
游子吟

táng　mèng jiāo
[唐] 孟郊

cí　mǔ　shǒu zhōng xiàn　　　yóu　zǐ　shēn shàng yī
慈 母 手 中 线 ， 游 子 身 上 衣 。

lín xíng mì mì féng　　　yì kǒng chí chí guī
临 行 密 密 缝 ， 意 恐 迟 迟 归 。

shuí yán cùn cǎo xīn　　　bào dé sān chūn huī
谁 言 寸 草 心 ， 报 得 三 春 晖 。

wàng yì tái
望驿台

táng bái jū yì
[唐] 白居易

jìng ān zhái lǐ dāng chuāng liǔ
靖 安 宅 里 当 窗 柳 ，

wàng yì tái qián pū dì huā
望 驿 台 前 扑 地 花 。

liǎng chù chūn guāng tóng rì jìn
两 处 春 光 同 日 尽 ，

jū rén sī kè kè sī jiā
居 人 思 客 客 思 家 。

huó dòng　　　　tiē yi tiē
活 动 ２：贴 一 贴

bǎ nǐ rèn wéi zuì měi de quán jiā fú tiē zài zhè lǐ　 xiàng
把 你 认 为 最 美 的 全 家 福 贴 在 这 里 。 向

tóng xué shuō yi shuō　　nǐ wèi shén me xǐ huan zhè zhāng zhào piàn　　kàn
同 学 说 一 说 ， 你 为 什 么 喜 欢 这 张 照 片 。 看

kan tóng xué men de zhào piàn　　tā men de yǔ nǐ de yí yàng ma
看 同 学 们 的 照 片 ， 他 们 的 与 你 的 一 样 吗 ？

shuō yi shuō
说一说

（1）在日常生活中，你最喜欢妈妈做的哪道菜？你生病的时候，妈妈做什么事情你觉得最开心？

_____

_____

（2）关心是相互的表达，家人这么爱你，那你又是怎么做的呢？你打算以后怎么改进呢？

_____

_____

第五课
dì wǔ kè

对着老师笑一笑
duì zhe lǎo shī xiào yī xiào

同学们，当你们遇到挫折时，老师会露出鼓励的笑容；当你们取得进步时，老师会露出灿烂的笑容。这节课，就让我们一起对着老师笑一笑，感谢老师对我们的关心吧！

小明的苦恼

小明是一个害羞内向的孩子，今年6岁的他迎来了小学生活。刚上学的小明还有点不适应，班里没有他在幼儿园认识的朋友，也没有熟悉的老师，他觉得有点孤单，甚至有点不愿意去上学。

有一天，在语文课上，王老师提

了一个问题："为什么大雁在南飞的过程中要一下子飞成'人'字形，一下子飞成'一'字形呢？"

平时喜欢和爸爸一起看科普类书籍的小明正好知道这个问题的答案，他很想举手但是又有点害羞。正在他纠结的时候，王老师似乎看出了他的顾虑，向他投来了一个带着鼓励的温暖笑容。这个笑容一下子温暖了小明，给了他信心。他慢慢地举起了手。

王老师看到小明举起手，露出了欣慰的微笑，她点小明起来回答了这个问题。虽然小明的声音还不是很洪亮，但是王老师听后给了他一个大大的赞扬，小明很受鼓舞。

下课之后，王老师告诉小明，他回答问题时如果面带微笑会更自信。听了老师的话后，小明每天脸上的笑容逐渐多了起来，人也慢慢变得开朗和自信，交到了很多的朋友，他跟王老师也成了亲密的朋友。后来，他每天都开心地去上学。

xiǎo zǔ jiāo liú tǎo lùn
小组交流讨论

xiǎo míng de kǔ nǎo shì shén me
（1）小明的苦恼是什么？

_____

_____

rú guǒ dāng shí xiǎo míng méi yǒu kàn dào wáng lǎo shī
（2）如果当时小明没有看到王老师

de wēi xiào　　tā huì jǔ shǒu ma　　lǎo shī de wēi xiào qǐ le shén
的微笑，他会举手吗？老师的微笑起了什

me zuò yòng ne
么作用呢？

_____

_____

xiǎo míng de kǔ nǎo jiě jué le ma　　shì zěn yàng
（3）小明的苦恼解决了吗？是怎样

jiě jué de　　qǐng gēn tóng xué men fēn xiǎng yí xià
解决的？请跟同学们分享一下。

_____

_____

活动坊
huó dòng fáng

活动 1：聊一聊
huó dòng　　liáo yi liáo

你有什么心里话想跟老师说？请你尝试带着微笑，跟老师聊一聊。你可以向老师介绍自己的情况，还可以向老师提问，了解老师的情况。

活动 3：情景表演
huó dòng　　qíng jǐng biǎo yǎn

演一演，在表演中感受微笑带来的力量。

（1）你扮演老师，在路上碰到了你的学生，你对学生微笑了，而学生却没有回应，你有什么感受？假如你的学生报以微笑，你又有什么感受？

（2）同学之间也相互演一演，体会发出微笑和收到微笑的感受。

拓展营

做一做

微笑的人最美丽。在班集体中，如果老师和学生都面带微笑，整个班级里就会流动着温暖。

和老师一起，搜集班里每位成员的笑脸，一起做一面班级微笑墙吧，让微笑带来的温暖充盈整间教室。

第六课
朋友一起最开心

53

同学们，我们每个人都有好朋友。生活中我们离不开朋友，和朋友在一起的时光总是非常快乐，所以我们一定要珍惜朋友！

小松鼠和他的好朋友们

在快乐森林中，有一只可爱的小松鼠。他还有三个好朋友：小兔子、小猴子和小黄狗。他们每天都在一起愉快地生活着！

每天早上，小松鼠和他的好朋友们都沐浴在森林中的微风和阳光里，快乐地奔跑、玩游戏。他们每天都快快乐乐的。

但是有一天，小松鼠不再奔跑，也不再和小伙伴们一起玩游戏了，他总是叹着气，独自流眼泪。小伙伴们都很担心他，于是去询问大象伯伯。

大象伯伯告诉他们，小松鼠的妈妈生病了。小松鼠不想让好朋友们担心，所以没有告诉他们。

于是，小兔子、小猴子和小黄狗就商量如何才能帮助小松鼠重新绽放微笑。

每天早上，小兔子都给小松鼠送新鲜的胡萝卜。

每天中午，小猴子都给小松鼠送脆脆的野果。

每天傍晚，小黄狗都给小松鼠送香香的饼干。

没过多久，小松鼠的妈妈病好了，小松鼠去草地上采了很多红艳艳的野花送给这些帮助过他的好朋友，大家一起分享着幸福。

终于，他们又可以快快乐乐地生活了。

xiǎo zǔ hé zuò
小组合作

xiǎo zǔ jiāo liú tǎo lùn
小组交流讨论

wèi shén me xiǎo tù zi   xiǎo hóu zi hé xiǎo huáng
（1）为什么小兔子、小猴子和小黄

gǒu gěi xiǎo sōng shǔ sòng qù zhè xiē dōng xi ne
狗给小松鼠送去这些东西呢？

_____

_____

wèi shén me xiǎo sōng shǔ yào sòng xiǎo yě huā gěi tā
（2）为什么小松鼠要送小野花给它

de hǎo péng you men
的好朋友们？

_____

hǎo péng you men zài yì qǐ zǒng shì kuài kuài lè lè
（3）好朋友们在一起总是快快乐乐

de   nǐ hé nǐ de hǎo péng you shì zěn me dù guò kuài lè de yì
的。你和你的好朋友是怎么度过快乐的一

tiān de
天的？

_____

58

huó dòng   dú yi dú
活动 1：读一读

xīng xing ，　shì yuè liang de péng you
星　星　，　是　月　亮　的　朋　友　；

hǎi ōu ，　shì dà hǎi de péng you
海　鸥　，　是　大　海　的　朋　友　；

xiǎo niǎo ，　shì tiān kōng de péng you
小　鸟　，　是　天　空　的　朋　友　；

xiǎo cǎo ，　shì dà shù de péng you
小　草　，　是　大　树　的　朋　友　。

péng you yǒu kùn nan ，　zhǔ dòng qù bāng zhù
朋　友　有　困　难　，　主　动　去　帮　助　；

péng you yǒu hǎo shì ，　xīn rán gòng fēn xiǎng
朋　友　有　好　事　，　欣　然　共　分　享　；

péng you fàn cuò wù ，　tí xǐng tā gǎi zhèng
朋　友　犯　错　误　，　提　醒　他　改　正　；

péng you bù gāo xìng ，　bāng tā zhǎo kuài lè
朋　友　不　高　兴　，　帮　他　找　快　乐　。

péng you ，　shì shēngmìngzhōng de yí shù yáng guāng
朋　友　，　是　生　命　中　的　一　束　阳　光　，

dài gěi wǒ men wēn nuǎn hé huān lè
带　给　我　们　温　暖　和　欢　乐　。

péng you ，　shì shēngmìngzhōng de yí jiàn lǐ wù
朋　友　，　是　生　命　中　的　一　件　礼　物　，

dài gěi wǒ men péi bàn hé jīng xǐ
带　给　我　们　陪　伴　和　惊　喜　。

suǒ yǐ ，　qǐng zhēn xī shēngmìngzhōng yù dào de měi yí wèi
所　以　，　请　珍　惜　生　命　中　遇　到　的　每　一　位

péng you
朋　友　！

huó dòng　　　shuō yi shuō
活 动　2：说一说

xiàng nǐ　de tóng zhuō jiè shào yí　xià　nǐ　de hǎo péng you　　bìng
向 你 的 同 桌 介 绍 一 下 你 的 好 朋 友 ， 并

qiě fēn xiǎng yí　gè　nǐ　hé hǎo péng you zhī jiān de xiǎo gù shi
且 分 享 一 个 你 和 好 朋 友 之 间 的 小 故 事 ！

tuò zhǎn　　　　shuō yi shuō
拓展 1：说一说

　　红红和林林是一对好朋友。他们一起排队的时候，红红踩了林林的鞋子，林林就很不高兴，推了红红一把，现在他们打算再也不理对方了。如果你是红红或林林，你会怎么办呢？

　　如果你和你的好朋友之间发生了不愉快的事情或者有了不一样的意见，你会怎么做呢？

_____

_____

_____

拓展 2：聊一聊

上了小学以后，你可能已经很久没见到你幼儿园时的朋友了！今天晚上请爸爸妈妈帮你拨通电话，和你之前最要好的朋友聊一聊你最近的情况吧。要知道，常常联系和关心朋友才能让友谊的花朵一直美丽绽放！

活动园地（二）

话剧表演

huà jù biǎo yǎn

角色：

jué sè

于小舟：女，乖巧，性格内向，不善
yú xiǎo zhōu　　nǚ　　guāi qiǎo　　xìng gé nèi xiàng　　bú shàn

言谈，穿着朴素。
yán tán　　chuānzhuó pǔ sù

方小美：女，娇美伶俐，开朗活泼。
fāng xiǎo měi　　nǚ　　jiāo měi líng lì　　kāi lǎng huó pō

张大山：男，贪玩好动。
zhāng dà shān　　nán　　tān wán hào dòng

田壮壮：女，偏胖，较贪吃。
tián zhuàngzhuang　　nǚ　　piān pàng　　jiào tān chī

宋琳琳：女，穿着漂亮时髦，爱美。
sòng lín lin　　nǚ　　chuānzhuó piào liang shí máo　　ài měi

班主任：女。
bān zhǔ rèn　　nǚ

64

第一场 （地点：教室）

[序曲]

在欢快的乐曲声中，同学们背着书包陆续走进教室。

[开场]

方小美背着书包，穿着漂亮的新衣服高兴地走进教室。放下书包后，她喜滋滋地向其他同学说："同学们，吃糖喽！"然后从书包里拿出一包糖。

田壮壮：小美，今天你怎么这么高兴，还请我们吃糖？

方小美：今天我过生日，甜蜜共享嘛！

同学们：生日快乐！小美。

[唯有小舟独坐静默，这时其他同学向小美围过来。

宋琳琳：你这身新衣裳真漂亮，哪儿买的？

方小美（自豪地）：我妈去沈阳时给我买的，一千多呢！

宋琳琳：这么贵？

方小美（眉飞色舞地）：这算什么呀！外婆送我的芭比娃娃才好呢！盒子里有好几套新衣服，好几双鞋，那娃娃又会唱歌，又会说话。

张大山（羡慕地）：你真幸福啊！今天就过生日了，我还要等一个月呢，爸爸答应给我买遥控赛车，我都等不及了。

同学们（争先恐后地）：我还有一个星期过生日，爸爸答应带我去泰山。哪天上我家，让你们看一下妈妈给我买的溜冰鞋。

…… ……

方小美（忽然想起什么，回头问）：哎！小舟，听妈妈说，咱俩同一天出生，你妈妈给你买什么了？

[小舟摇摇头，趴在桌子上。

田壮壮：你不知道呀？小舟跟她大姨住，她爸妈出去打工了，好长时间没回来了。

张大山（嬉笑）：过春节他们都没回来，不会是不要你了吧？他们都喜欢男孩，说不定又要了小弟弟，不要你了？

于小舟（抬起头）：不会的。（趴在桌上，哭了。）

方小美：大山，别瞎说。

张大山：本来就是嘛，谁见过她爸妈来看过她？

[小舟哭声更大了。

tián zhuàng zhuang 　　　　dà shān　　wǒ qù gào su lǎo shī　　nǐ bǎ
田　壮　壮：大山，我去告诉老师，你把

xiǎozhōu qì kū le
小舟气哭了。

　　zhuàng zhuang pǎo xià chǎng
[　壮　壮　跑下场。

dì èr chǎng 　　dì diǎn　　jiào shì
第二场（地点：教室）

　　shàng kè líng xiǎng le　　tóng xué men lù xù jìn jiào shì　　bān
上课铃响了，同学们陆续进教室，班

zhǔ rèn zuì hòu zǒu jìn lái　　xiǎo zhōu hái pā zài zhuō shàng　　bān zhǔ
主任最后走进来，小舟还趴在桌上，班主

rèn zǒu guò qù
任走过去。

　　bān zhǔ rèn　　qīn qiè de　　　　xiǎo zhōu　　bié kū le
班　主　任（亲切地）：小舟，别哭了，

lǎo shī dōu zhī dào le
老师都知道了。

　　xiǎo zhōu réng zài gěng yè　　bān zhǔ rèn zǒu dào qián miàn　　jiào
[　小舟仍在哽咽。班主任走到前面，教

shì lǐ hěn ān jìng
室里很安静。

　　bān zhǔ rèn　　wǒ gěi dà jiā jiǎng gè gù shi　　tóng xué
班　主　任：我给大家讲个故事，同学

menxiǎng tīng ma
们想听吗？

　　tóng xué men　　xiǎng
同　学　们：想！

68

班主任：有这样一对父母，他们没有多少文化，但他们希望自己的孩子可以读高中，上大学。于是他们省吃俭用，拼命挣钱。白天，爸爸在工地推砖，汗流浃背的，妈妈去干清洁工，那活又脏又累；晚上，两人又一起摆夜摊。你们说他们累不累？

同学们：累！

班主任：那么他们爱不爱自己的孩子呢？

同学们：爱！

班主任：昨天晚上，我接到了这对父母的电话。他们说，他们的孩子今天过生日，可他们不能回家，让我替他们对孩子说声"生日快乐"，再加上一句"对不起"。

[小舟听了，慢慢抬起头。

班主任（走到小舟身边，抚摸着小舟的头）：小舟，生日快乐！你爸爸说，他和妈妈昨天收摊时已经太晚了，怕打扰你休息，所以没打电话给你，他们很爱你。

同学们（小美领）：小舟，生日快乐！

班主任：老师知道，今天，小舟和小美都过生日，我们唱支生日歌送给她们吧！

［生日歌起，于小舟昂起头，拍手随同学们唱生日歌。

［在优美的钢琴曲中落幕。

［舞台上响起老师打电话的声音："喂！小舟的家长吗？我是小舟的班主任，今天小舟过生日，希望你们抽时间给孩子打个电话，小舟很想你们。"

71

同学们，你养过植物吗？你知道小小的种子怎么才能变成生机勃勃的植物吗？我们快一起来看看琳琳是怎么做的吧！

72

最美的花朵

暑假快来了，琳琳在这个学期表现优秀，被评为"三好学生"，她非常高兴。老师还送给她一袋种子，说："琳琳，只要你细心照顾，它就会开出最美丽的花朵。"

暑假的日子一天天过得飞快，可埋在土壤里的小种子还是没有动静，琳琳有点着急了，趴在窗台对着小种子说：“你怎么还不发芽呢？”

爸爸走过来摸着琳琳的头说："你需要耐心等待，浇点水试试看。"

于是琳琳拿着小水壶小心翼翼地往花盆里浇水。几天之后，小种子终于长出了嫩绿的小芽。

“终于出来啦！你好，我是琳琳！”琳琳兴奋地捧着小花盆笑着说道。后来，她天天看着小种子说：“快快长大吧……”

可是有一天，天气预报显示大风蓝色预警，爸爸提醒琳琳要把小苗搬回屋里以免被风刮倒，琳琳随口就答应："吃完中饭就搬。"吃完饭后，琳琳接了邻居露露的电话，对爸爸说："爸爸，露露要我去她家玩呢，我先去玩会儿。"还没等爸爸说完话，琳琳就一溜烟跑了出去，完全忘记了要把小苗搬进屋里。

晚上琳琳回到家时，发现小苗东摇西晃，快要倒下了。

"对不起，我说过要好好照顾你的，可我只顾着出去玩，忘记把你搬回房里了……"琳琳十分愧疚，两手护住小苗，不让它被风吹倒。

第二天，爸爸把小苗和小树枝绑在一起，对琳琳说："小苗还需要你用耐心和细心去照顾。"

琳琳一连几天都没有再出去玩，耐心地照看小苗，每天给它浇水，对着它唱歌，讲故事……

后来，小苗终于开出了花朵，对着琳琳绽开了笑脸。琳琳拥有了世上最美丽的花朵！

小组合作

小组交流讨论

xiǎo miáo wèi shén me huì dōng yáo xī huàng kuài yào dǎo
（1）小苗为什么会东摇西晃快要倒

xià le
下了？

_____

_____

xiǎo miáo zuì hòu kāi chū měi lì de huā duǒ le ma
（2）小苗最后开出美丽的花朵了吗？

wèi shén me
为什么？

_____

_____

rú guǒ ràng nǐ yě lái zhòng zhí zhào kàn yì zhū zhí
（3）如果让你也来种植照看一株植

wù bǎo bao kě yǐ xiàng lín lin xué xí nǎ xiē fāng miàn
物宝宝，可以向琳琳学习哪些方面？

_____

_____

huó dòng fáng
活动坊

huó dòng   *jì yi jì*
活动 1：记一记

lǐng yǎng yì zhū zhí wù bǎo bao   zhì zuò zhí wù chéng zhǎng
领 养 一 株 植 物 宝 宝 ， 制 作 植 物 成 长

jì lù kǎ   zhí wù bǎo bao chéng zhǎng jì   bǎ zhí wù bù
记 录 卡 《 植 物 宝 宝 成 长 记 》， 把 植 物 不

tóng shí qī de yàng zi yòng tú huà jì lù xià lái
同 时 期 的 样 子 用 图 画 记 录 下 来 。

第（ ）天	第（ ）天	第（ ）天	第（ ）天

78

mén qián dà shù gāo
门 前 大 树 高 ，

wǒ men lái bào bao
我 们 来 抱 抱 ；

lù biān xiǎo huā miáo
路 边 小 花 苗 ，

wǒ men bù néng yáo
我 们 不 能 摇 ；

gōng yuán qīng qīng cǎo
公 园 青 青 草 ，

jiǎo bù rào yi rào
脚 步 绕 一 绕 。

wǒ ài huā　　wǒ ài cǎo
我 爱 花 ， 我 爱 草 ，

wǒ ài qīng qīng xiǎo shù miáo
我 爱 青 青 小 树 苗 。

bù zhāi huā　　bú tà cǎo
不 摘 花 ， 不 踏 草 ，

bù zhé shù zhī bú luàn yáo
不 折 树 枝 不 乱 摇 。

huā cǎo shù mù shì péng you
花 草 树 木 是 朋 友 ，

wǒ men dōu yào bǎo hù hǎo
我 们 都 要 保 护 好 。

拓展 1：我为植物做名片

观察你家周围的花草树木，为你最喜欢的植物设计"名片"，写上植物的名称、特性以及照顾时的注意事项，并将设计的名片挂在相应植物上。

第八课
dì bā kè

它舒适，我快乐
tā shū shì wǒ kuài lè

tóng xué men　　nǐ yǎng guo chǒng wù
同学们，你养过宠物
ma　rú guǒ nǐ yǎng guo　　nǐ shì zěn yàng
吗？如果你养过，你是怎样
duì dài tā de　　rú guǒ nǐ dǎ suàn yǎng
对待它的？如果你打算养
yì zhī　　nǐ yòu zhǔn bèi zěn yàng duì dài tā
一只，你又准备怎样对待它
ne　zhè jié kè　　ràng wǒ men yì qǐ lái
呢？这节课，让我们一起来
xué xí rú hé guān huái dòng wù ba
学习如何关怀动物吧！

小兔子乖乖

小区门口的商场开了一家小宠物店，专卖兔子、豚鼠、龙猫、猫咪等动物，生意非常好。六一儿童节，小店更是人挤人，笼柜前人头攒动，大人小孩都不断感叹："好可爱啊！"

这时，一个小女孩在宠物店中大哭大闹："我要养兔兔，我要养兔兔。"爸爸则坚持说:"不养,不养。"

因为爸爸知道,养兔子可不是一件简单的事:兔子在夏天超过 30 摄氏度时容易中暑,冬天低于 10 摄氏度时容易感冒;它没有饱腹感,需要定时定量喂食;一旦环境不干净,比如没有及时清理笼子,会得皮肤病或鼻炎。最后,爸爸实在没办法,在女儿答应自己会好好照顾兔子之后,便买了一只。

女儿一回家便缠着爸爸给兔子做了一个窝,又喂蔬菜又喂水,忙得不亦乐乎,并给兔子取了名字叫乖乖。

84

但是乖乖根本不愿意待在窝里，满屋子跑，还特别喜欢睡在垃圾桶旁边，把屋子弄得乱七八糟。刚开始，女儿还主动收拾东西，按时给乖乖喂食，而且一放学就冲回家，把学校发生的事情，开心的啊，不开心的啊，都向乖乖倾诉。

可是，还没过一个月，爸爸就后悔当初的决定了。因为现在女儿回家后，只是逗一逗乖乖，就马上回房间做其他事情了，不再像以前那样坚持每天细心照顾乖乖了。照顾乖乖的事情只有爸爸一个人做了。

xiǎo zǔ hé zuò
⊚ 小组合作

xiǎo zǔ jiāo liú tǎo lùn
小组交流讨论

（1）女儿开始是如何对待兔子的，后来又是怎样对待的？你认为她做得好吗？

_____

_____

（2）爸爸后来代替女儿照顾兔子，你想对爸爸说些什么，做些什么？

_____

_____

（3）如果你打算养一只兔子，如何做才能保证它一直都舒适、健康，不生病呢？

_____

_____

活动 1：说一说
huó dòng　　 shuō yi shuō

你在家养过哪种宠物，它的声音、动作是怎样的？它最喜欢什么？最不喜欢什么？请在小组内和同学们说一说。

活动 2：做一做
huó dòng　　 zuò yi zuò

同桌之间轮流扮演小动物和饲养者，试着对小动物说友善的话，做各种友善的动作。家里有小动物的，试着回去对它说友善的话，做友善的动作（要注意观察，不要让它厌烦和劳累）。

yì yi yì
议一议

rú guǒ nǐ suǒ zài de xiǎo zǔ dǎ suàn yǎng yì zhī xiǎo chǒng wù
如果你所在的小组打算养一只小宠物，

nǐ men dǎ suàn zěn me zhào gù tā xiǎo zǔ tóng xué xiān yì yi yì
你们打算怎么照顾它？小组同学先议一议，

zài hé zuò zhì dìng yí gè sì yǎng jì huà
再合作制订一个饲养计划。

第九课

shén qí de hóng shù lín

神奇的红树林

同学们，你们知道被称
为"消浪先锋""海岸卫
士"的红树林吗？请跟随小
白鹭们一起去感受红树林的
神奇吧！

美丽的红树林

冬天来了，一群小白鹭向南飞，来到了名为"西湾红树林"的美丽海边。小白鹭们从来都没有见过红色的树林，它们特别好奇：红色的树林会是什么样子呢？于是它们飞遍了海岸线的每一个角落，却没有找到一棵红色的树。夜色朦胧时，潮水退去，饥肠辘辘的小白鹭们开始到海滩上觅食。它们发现，白天泡在海水里的长着绿色树叶的树，在退潮后，树根处竟然长了很多红色的脚，扎在淤泥里。它们终于明白了，红树林原来是根红叶绿的树林。

这些树根之间有很多虾虎鱼，它们正围着大树的脚一起开心地玩耍着。不管潮水怎么拍打，它们都不肯分开。接着，小白鹭们又看到了很多招潮蟹，它们挥动着大螯，与淤泥里上蹿下跳的弹涂鱼们一起跳舞。小白鹭们很好奇："今天是什么节日吗？

为什么小动物们都这么开心？”

小白鹭们喜欢这样的感觉，于是它们留在这里继续生活。慢慢地，它们发现这片神奇的树林真是小动物的乐园，红树林每天都给大自然释放新鲜的氧气，净化这片海域，保护着海岸线，抵御着风浪的袭击。

小白鹭们在这里开心地生活着，用自己甜美的嗓音为这里的居民们唱歌。在这里，大海和这里的小生物们互相关怀，一起幸福地生活着。

🌀 小组合作

小组交流讨论

（1）在小白鹭们心中，红树林是怎样
的一片树林？真正的红树林是什么样子的？

_____

_____

_____

（2）红树林为什么会成为小白鹭们的
乐园？

_____

_____

_____

◎ 活动坊

活 动 1：画 一 画

qǐng gēn jù shàng miàn de gù shi　　huà yi huà měi lì de
请 根 据 上 面 的 故 事，画 一 画 美 丽 的

hóng shù lín
红 树 林 。

活动 2： 做一做

nǐ jué de wǒ men yīng gāi zěn yàng bǎo hù měi lì de hóng shù
你 觉 得 我 们 应 该 怎 样 保 护 美 丽 的 红 树

lín ？ qǐng bǎ nǐ de xiǎng fǎ gào su nǐ shēn biān de péng you men
林 ？ 请 把 你 的 想 法 告 诉 你 身 边 的 朋 友 们 ，

hé tā men yì qǐ zuò bǎo hù huán jìng de xiǎo tiān shǐ ba
和 他 们 一 起 做 保 护 环 境 的 小 天 使 吧 ！

tuò zhǎn yíng
拓 展 营

shuō yi shuō
说 一 说

tóng xué men xiǎo bái lù men kāi xīn de shēng huó zài hóng
同 学 们 ， 小 白 鹭 们 开 心 地 生 活 在 红

shù lín lǐ nǐ néng xiàng xiǎo bái lù yí yàng bǎ xué xiào dàng zuò
树 林 里 ， 你 能 像 小 白 鹭 一 样 ， 把 学 校 当 作

nǐ xìng fú de lè yuán ma nà nǐ yòu gāi zěn me zuò ne
你 幸 福 的 乐 园 吗 ？ 那 你 又 该 怎 么 做 呢 ？

活动园地（三）

我是小小园艺师

一、园艺入门期

　　启动仪式：介绍学校或社区的树和花卉的品种。

二、园艺学习期

　　小组分工，完成植物养护和资料收集、宣传工作。

　　1.盆栽组：种一盆盆栽，放在教室走廊上，定期观察、养护。

2．水培组：无土栽培一盆吊兰或别的水培植物，放在教室，定期换水。

3．知识收集组：收集校园内和学校周边的植物品种，了解它们的生活习性，为它们制作宣传名片。

4．护绿标语制作组：制作一块护绿标语牌，插在校园花坛内，提醒大家爱护花草树木。

三、园艺实践期（养护、写观察记录阶段）

1．组织学习了解一些简单的植物养护知识和技能。

2．通过对植物的养护、写观察记录，培养学生的耐心与细心。

99

四、园艺收获期

召开成果分享会（成果形式可以是多方面的，比如盆栽、照片、图画、观察日记、活动心得等。）

dì shí kè
第十课
wǒ de wén jù wǒ ài hù
我的文具我爱护

101

wǒ men de wén jù měi tiān péi bàn wǒ
我们的文具每天陪伴我
men xué xí zuò zuò yè wèi wǒ men fèng
们学习、做作业，为我们奉
xiàn le zì jǐ wǒ men yào ài hù tā
献了自己。我们要爱护它
men yīn wèi tā men yě shì yǒu shēng mìng
们，因为它们也是有生命
de wǒ men dōu yào zuò ài hù wén jù de
的！我们都要做爱护文具的
hǎo hái zi
好孩子！

阳阳的文具朋友

一天，阳阳放学回到家，就把他的小书包扔在了地上，然后把书呀，铅笔呀，统统扔在了桌子上准备写作业。但过了一会儿，他不知不觉就睡着了。

就在阳阳睡得正香的时候，耳边忽然传来了哭声。"咦？是谁在哭呢？”阳阳偷偷地睁开了眼睛，发现自己刚刚用的半截铅笔正一边哭一边喊：“阳阳总是用嘴咬我，让我遍体鳞伤，还害我摔在地上。我的腿都折了，可疼了！”站在桌角的橡皮也哭了起来，书本赶紧上前，关心地问：“橡皮弟弟，你为什么伤心啊？”“呜呜……阳阳老把我切成一块一块的，现在我身上像刀割一样疼！”

说着说着，许多文具都哭了起来，大家愁眉苦脸地问："书包大哥！书包大哥！你是最有智慧的，想

办法来救救我们吧！"书包大哥只好

伤心地站了起来，轻轻地捧起地上

的铅笔放进了袋子里，只见它大声地

说："伙伴们，大家都跳到我的袋子

里来，我带大家离开阳阳，不和他做

朋友了……"说着，桌面上的文具们

都一个接一个地跳进了书包的大袋子

里。书包转过身，冲着阳阳卧室门的

方向一扭一扭地走去。

　　阳阳看到这里，心里可着急啦。

他没想到自己犯了这样大的错误，赶

紧大声喊道："书包大哥！我错了！

你们快回来吧，我以后一定改正。"

阳阳被自己的喊声吓醒了，原来刚才的一切是一场梦。

小组交流讨论

（1）阳阳的学习用品为什么要集体离家出走呢？

_____

_____

（2）你觉得阳阳梦醒之后会做什么？

_____

_____

（3）
<ruby>你<rt>nǐ</rt></ruby> <ruby>想<rt>xiǎng</rt></ruby> <ruby>对<rt>duì</rt></ruby> <ruby>阳<rt>yáng</rt></ruby> <ruby>阳<rt>yang</rt></ruby> <ruby>说<rt>shuō</rt></ruby> <ruby>什<rt>shén</rt></ruby> <ruby>么<rt>me</rt></ruby> ？

_____

_____

<ruby>活动坊<rt>huó dòng fáng</rt></ruby>

<ruby>活动<rt>huó dòng</rt></ruby> ：<ruby>议一议<rt>yì yi yì</rt></ruby>

<ruby>在<rt>zài</rt></ruby> <ruby>我<rt>wǒ</rt></ruby> <ruby>们<rt>men</rt></ruby> <ruby>的<rt>de</rt></ruby> <ruby>生<rt>shēng</rt></ruby> <ruby>活<rt>huó</rt></ruby> <ruby>中<rt>zhōng</rt></ruby> ，<ruby>你<rt>nǐ</rt></ruby> <ruby>自<rt>zì</rt></ruby> <ruby>己<rt>jǐ</rt></ruby> <ruby>或<rt>huò</rt></ruby> <ruby>者<rt>zhě</rt></ruby> <ruby>你<rt>nǐ</rt></ruby> <ruby>认<rt>rèn</rt></ruby> <ruby>识<rt>shi</rt></ruby> <ruby>的<rt>de</rt></ruby> <ruby>其<rt>qí</rt></ruby> <ruby>他<rt>tā</rt></ruby> <ruby>人<rt>rén</rt></ruby> <ruby>是<rt>shì</rt></ruby> <ruby>如<rt>rú</rt></ruby> <ruby>何<rt>hé</rt></ruby> <ruby>对<rt>duì</rt></ruby> <ruby>待<rt>dài</rt></ruby> <ruby>文<rt>wén</rt></ruby> <ruby>具<rt>jù</rt></ruby> <ruby>的<rt>de</rt></ruby> ？<ruby>请<rt>qǐng</rt></ruby> <ruby>小<rt>xiǎo</rt></ruby> <ruby>组<rt>zǔ</rt></ruby> <ruby>讨<rt>tǎo</rt></ruby> <ruby>论<rt>lùn</rt></ruby> ，<ruby>说<rt>shuō</rt></ruby> <ruby>一<rt>yi</rt></ruby> <ruby>说<rt>shuō</rt></ruby> <ruby>你<rt>nǐ</rt></ruby> <ruby>怎<rt>zěn</rt></ruby> <ruby>样<rt>yàng</rt></ruby> <ruby>看<rt>kàn</rt></ruby> <ruby>待<rt>dài</rt></ruby> <ruby>这<rt>zhè</rt></ruby> <ruby>些<rt>xiē</rt></ruby> <ruby>行<rt>xíng</rt></ruby> <ruby>为<rt>wéi</rt></ruby> 。

tuò zhǎn yíng

拓展营

tuò zhǎn　　dòng yi dòng

拓展 1：动一动

nǐ néng xiàng tā men yí yàng　　gěi zì jǐ de wén jù zhǎo
你 能 像 他 们 一 样 ， 给 自 己 的 文 具 找

jiā ma　　qǐng nǐ dòng shǒu shì yi shì　　bìng shuō shuo tā men de jiā
家 吗 ？ 请 你 动 手 试 一 试 ， 并 说 说 它 们 的 家

zài nǎr
在 哪 儿 。

tuò zhǎn　　shuō yi shuō

拓展 2：说一说

qǐng nǐ shuō yi shuō　　zài xué xí le zhè jié kè zhī hòu
请 你 说 一 说 ， 在 学 习 了 这 节 课 之 后 ，

nǐ zhǔn bèi yǐ hòu zěn me shàn dài zì jǐ de wén jù
你 准 备 以 后 怎 么 善 待 自 己 的 文 具 ？

第十一课
dì shí yī kè

美好的环境我创造
měi hǎo de huán jìng wǒ chuàng zào

每个人都希望自己生活在舒适整洁的环境中，可是，你平时都是自己整理房间和物品的吗？从这一课开始，让我们学着自己来创造一个干净整洁的环境吧。

整理房间我能行

今天，阳光明媚，碧空如洗，万里无云。

早餐后，爸爸妈妈就匆匆忙忙出门工作了，只留下我一人在家。

爸爸妈妈不在家，我更要自觉完成作业。当我做完作业准备看书时，才发现我的桌子上一片狼藉，我决定整理自己的房间。就从整理书桌和书柜开始吧！以前，妈妈总是说我的房间乱糟糟，今天我要让妈妈改变对我的看法。

我先把桌子上乱七八糟的书放在一边，把抹布打湿，在桌子上反复地擦。黑乎乎的桌子马上变得又白又亮。接着，我把书柜里的书拿出来，按从大到小的顺序分类摆放回书柜里。然后，我把我心爱的玩具藏进柜子里，暂时和它们告别。最后，我学着妈妈的样子把地板拖了几遍，累得满头大汗。

满以为可以大功告成了，却发现

床还没有收拾呢！我连忙把被子全部展开，对折几次后，被子在我手中变成了一个大大的"豆腐块"。然后，我把被子和枕头放到一边，把床单铺平，再把被子和枕头摆放整齐。"功夫不负有心人"，我的房间焕然一新，终于旧貌换新颜了！

妈妈回来了，一进我的房间就笑眯眯地对我说："今天你的房间特别干净，我的孩子变得懂事了！"我听了，心里像吃了蜜一样甜！

今天我特别开心，很有成就感，因为我会整理自己的房间了！

xiǎo zǔ jiāo liú tǎo lùn
小组交流讨论

      wǒ   shì zěn me zhěng lǐ shū guì de
（1）"我"是怎么整理书柜的？

tóng xué jiān shuō yi shuō
同学间说一说。

_____

_____

      wǒ   shì zěn me zhěng lǐ chuáng pù de
（2）"我"是怎么整理床铺的？

bǐ yi bǐ shuí shuō de zuì xiáng xì
比一比谁说得最详细。

_____

_____

活动坊

活动 1： 比一比
huó dòng bǐ yi bǐ

整理自己的桌面、桌洞，比一比，
zhěng lǐ zì jǐ de zhuō miàn zhuō dòng bǐ yi bǐ

看谁做得又快又好。
kàn shuí zuò de yòu kuài yòu hǎo

活动 2： 做一做
huó dòng zuò yi zuò

回家后，让妈妈教你怎么整理自己
huí jiā hòu ràng mā ma jiāo nǐ zěn me zhěng lǐ zì jǐ

的床铺。你能做到从今天开始，自己整
de chuáng pù nǐ néng zuò dào cóng jīn tiān kāi shǐ zì jǐ zhěng

理自己的床铺吗？
lǐ zì jǐ de chuáng pù ma

拓展营

比一比

教室清洁比赛。6个同学组成一个小组，每天由一个小组的同学打扫教室卫生。比一比哪个小组做得最棒，给他们画一面红旗。

	小组1	小组2	小组3	小组4	小组5	小组6	小组7
最棒的小组画红旗							

dì shí èr kè
第十二课

wǒ de tóng huà shì jiè
我的童话世界

同学们，你们喜欢童话吗？今天我们邀请了一位新朋友，它叫小蜗牛。它身上有一种特别的魔力，让我们快点进入童话世界和它交朋友吧！

小蜗牛的微笑

小鸟说："当我醒着的时候，我随时为朋友唱歌。"

大象说："当我醒着的时候，谁有干不动的活儿，我随叫随到。"

小兔子说："当我醒着的时候，我乐意为任何一位朋友送信传消息。"

大家都在想可以为朋友干点什

么，小蜗牛好着急。它除了整天背着沉重的壳，在地上慢慢地爬以外，别的什么也干不了。

一天下午，一群蚂蚁正忙着搬东西。它们从蜗牛身边走过时，小蜗牛友好地向它们微笑。

"小蜗牛，你的微笑真甜！"一只小蚂蚁说。

"对呀，我可以对朋友们微笑！"小蜗牛想，可一想又不对，"难道让朋友们放下手中的活儿，跑来看我微笑吗？"忽然，小蜗牛有了一个新想法。

第二天，小蜗牛把厚厚的一沓信交给小兔子，让它送去给森林里的每一位朋友。朋友们拆开信，发现里面是一张画，画的是一只正在甜甜微笑的小蜗牛。画下还有一行字：当你觉得孤单或者不开心的时候，请记住你的朋友小蜗牛，正对着你微笑呢！

"小蜗牛真了不起，它把微笑送给了整座森林！"朋友们都这样说。

xiǎo zǔ jiāo liú tǎo lùn
小组交流讨论

xiǎo wō niú jiāo gěi xiǎo tù zi de xìn lǐ zhuāng de
（1）小蜗牛交给小兔子的信里装的

shì shén me
是什么？

_____

_____

xiǎo wō niú shēn shàng yǒu yì zhǒng tè bié de mó
（2）小蜗牛身上有一种特别的魔

lì nǐ jué de shì shén me
力，你觉得是什么？

_____

_____

nǐ xǐ huan hé xiǎo wō niú zhè yàng de rén jiāo péng
（3）你喜欢和小蜗牛这样的人交朋

you ma shēng huó zhōng nǐ yǒu zhè yàng de péng you ma
友吗？生活中你有这样的朋友吗？

_____

_____

122

活动坊
_{huó dòng fáng}

活动 1：角色扮演
_{huó dòng　　 jué sè bàn yǎn}

除了把微笑带给所有人的小蜗牛以
_{chú le bǎ wēi xiào dài gěi suǒ yǒu rén de xiǎo wō niú yǐ}

外，故事里还有乐于助人的小鸟、大象和
_{wài gù shi lǐ hái yǒu lè yú zhù rén de xiǎo niǎo dà xiàng hé}

小兔子，让我们走进童话故事，扮演其中
_{xiǎo tù zi ràng wǒ men zǒu jìn tóng huà gù shi bàn yǎn qí zhōng}

一个角色，身临其境感受一番吧。
_{yí gè jué sè shēn lín qí jìng gǎn shòu yì fān ba}

角色一

角色二

角色三

角色四

活动 2：续编童话

森林里的朋友们收到小蜗牛的信后会有什么反应呢？从此，这个森林里会发生什么改变呢？

请你发挥想象，口头编故事，和同学分享交流吧。

_____

_____

_____

_____

_____

_____

_____

拓展营 (tuò zhǎn yíng)

拓展 1：留住微笑 (tuò zhǎn liú zhù wēi xiào)

同学们，在日常生活中，你对别人微笑，别人同样会用微笑回应你，可见微笑具有神奇的魔力。让我们在爸爸妈妈的陪同下，一起寻找生活中的微笑，用相机记录下来，留住这些美好的瞬间吧。

拓展 2：童话驿站 (tuò zhǎn tóng huà yì zhàn)

同学们，这节课我们学习了《小蜗牛的微笑》这篇童话故事，你一定意犹未尽吧。你还读过哪些童话故事呢？和同学一起分享交流吧。

活动园地（四）

别样的班会——

"我型我秀·微笑少年"

活动 1：创意拼盘秀

在家长、老师的帮助下，制作水果拼盘（提前让学生搜集有关制作水果拼盘的资料及拼盘作品的图片），并准备其他美食（也可以是自己家乡的特产）。

活动 2：诗歌朗诵

全世界都在对我微笑

今天，我偷偷做了一件事，

于是，全世界突然对我微笑起来。

绿树对我招手，花儿对我眨眼，

小鸟儿在枝头吱喳叫，

xiǎo cǎor　　wān yāo　qí shēng wèn wǒ hǎo
小 草 儿 弯 腰 齐 声 问 我 好！

ér wǒ　　　zhǐ bú guò àn àn xià le jué xīn
而 我 ，只 不 过 暗 暗 下 了 决 心，

cóng jīn yào zuò gè hǎo hái zi
从 今 要 做 个 好 孩 子 。

huó dòng　　　　　wēi xiào　　tái xiù　　　bāo hán xué shēng gè rén xiù　　qīn zǐ xiù
活 动 3：微 笑 T 台 秀 （包 含 学 生 个 人 秀 、亲 子 秀）

生命关怀为本　幸福发展至上

帕克·帕尔默在《教学勇气》中强调："教师留在学生内心深处的一定是关怀和爱。学生或许记不住当年你曾教给他的知识，但你对他的关怀和爱，却让他刻骨铭心。"

人渴望被关怀的愿望无处不在，尤其是对于教育活动中的受教育者而言。关怀，本质上是一种关系。它最基本的表现形式是个体与个体、个体与自然之间的一种连接和接触。教育应当从关系入手，好的教育都是从关怀和信任关系的建立开始的。从某种意义上来说，教育者和受教育者之间的关怀关系能否建立将直接影响教育的成效，因为关怀是全部教育过程中的一个至关重要的问题。教育中的师生关系理应是一种充满了关怀和爱的特殊的人际关系。对于学生而言，当受到教师关怀时，他们内心的生命潜能会极大地被激发，使得他们愿意为给予自己关怀和爱的人而努力拼搏、积极向上。对于教师而言，最幸福的事莫过于看到学生对于自己关怀行为的接纳和回应，即自己的教育关怀促进了学生个体生命的成长。

"小学生生命关怀书系"作为全国教育科学"十三五"规划课题"基础教育学校关怀文化培育的实践研究"（课题批准号FHB180604）的研究成果，以关怀教育为着力点，让个体生命在与他人遇见、连接、理解中不断开放和敞亮自我，重视彼此生命的体验和感受，建立彼此平等、信任、自在的"我—你"关系，让个体生命在"经历"和"体验"中学习关怀的知识以及习得关怀的能力。一个拥有关怀力的个体生命才有可能与他人构建健康的、友善的、温情的、充满了关怀和爱的关系，也才更容易感受到来自他人的关怀和爱。在充满关怀和爱的关系中，个体双方彼此都乐于倾听、乐于了解、乐于分享、乐于共担，继而才有可能获得完整幸福的人生。正如内尔·诺丁斯所说："幸福就是知道有许多人爱我，我也爱许多人。"

"小学生生命关怀书系"总计有六册，每年级一册，既可以作为校本教材使用，也可以作为学生的课外阅读书籍。本书系旨在培养学生的关怀素养和关怀能力，让个体生命在拥有了关怀力后变得"诚实、谦逊、接纳、包容、感恩、充满希望"。本书系根据小学生身心成长特点和教育发展规律，按照六大主题进行编写。

第一册：《我的微笑很灿烂》。本册的主题是微笑。微笑是人类最美的语言，也是全世界的通用语言。不同种族、不同年龄的人都能接收到微笑所表达的善意、鼓励、宽容和期待。一个始终对他人、对世间万物保持微笑的人才有可能以积极、乐观的心态面对人生路上的一切艰难险阻，才能最终获得人生的幸福。通过本册书的学习，学生学会向自己、向他人、向世间万物发出来自心底的微笑，借由微笑释放关怀信号，传递善意，释放爱心和温暖。

第二册：《你的声音很动听》。本册的主题是倾听。歌德认为："对别人述说自己，这是一种天性；认真对待别人向你叙说他自己的事，这是一种教养。"倾听既是一种教养，也是对他人的尊重、理解和支持。通过本册书的学习，培养学生学会倾听自己、倾听他人、倾听世间万物述说的习惯和能力，使学生能够接受来自他人的意见、建议、关注和关爱，并能予以积极友善的回应。

第三册：《我的关怀很温暖》。本册的主题是遇见。一生中，我们会遇见父母、亲人、老师、同学、朋友和世间的万事万物，所有的相遇都会形成一种关系。通过本册书的学习，培养学生感受关怀和爱的能力，鼓励学生用心去感受各种关系中所释放出来的温暖与善意，能心随身到，设身处地与他人、他物共情。

第四册：《你的心意很温馨》。本册的主题是理解。理解是构建个体与个体之间良好关系的关键。多一分理解，就多一分温暖；多一分理解，就多一分感动；多一分理解，就多一分融洽；多一分理解，就多一分美好。通过本册书的学习，使得学生明白理解永远是相互的，在理解他人善意和关怀的同时，打开自己的身心，释放自己的善意与回应，各自的生命状态才会出现积极可喜的变化，个体生命之间才能建立关怀关系。

第五册：《我的成长很快乐》。本册主题是悦纳。成长是个体生命的必经之路，人的成长没有既定的路径图，个体在各自的生命成长中都会体会到不同的快乐、不同的烦恼以及相似的痛苦经历。通过本册书的学习，使得学生可以从他人的成长经历中获得借鉴、汲取经验，从而可以悦纳自我和他人，在悦纳中感悟人生的真谛，在克服困难中不断成长为最好的自己，并享受自我成长的快乐。

第六册：《你的梦想很美丽》。本册主题是憧憬。每个人都拥有对未来的憧憬，可是"未来不是我们要去的地方，而是需要我们去创造的地方"。通过本册书的学习，使得学生不仅能够正确地认识自我、认识世界、认识未来，还能积极地做好身心各方面的准备，主动地去拥抱未来、创造未来。

"小学生生命关怀书系"的编写，得到了很多专家和同人的大力支持。首先，我要感谢中国教育学会常务副会长刘堂江先生、南京师范大学资深教授班华先生、北京师范大学教育学部学术委员会主席檀传宝教授、教育部教育发展中心副主任陈如平研究员、深圳市罗湖教科院附属学校校长李隼博士，感谢他们对本书系的编写给予的大力支持和精心指导；其次，我要感谢黄蓓红、王杰、吴湘梅、范萱媛、王凯莉、何佳华、曹聪、胡禛、杨秋玲、李亚文、饶珊珊、毛婷婷、陈怀超，感谢他们在编写过程中不辞辛劳多方查找资料所付出的辛勤劳动；书中精美的插图是由陈怀超、万逸琳、余启健、黄惠慈所绘，在此一并表示感谢；我还要感谢知识出版社社长姜钦云先生，当我刚有编写这套书的设想时就得到了他的高度认同和鼓励，他还从一个出版人的角度给出了宝贵的专业意见；最后，我特别要感谢檀传宝教授在百忙中为本书系所作的序言，作为国内倡导、研究关怀教育第一人，檀传宝教授不仅帮助我们厘清了关怀教育的真谛，还勉励我们在教育教学实践中努力探索实现真正有效的关怀。

英国著名教育家怀特海认为："教育的目的在于激发和引导学生走上自我发展之路。"而关怀则是激发和引导学生走上自我发展之路的最佳途径之一。沉浸在爱和关怀的氛围中，个体生命的潜能是无限的。我相信，"小学生生命关怀书系"在给学生们的童年生活带来难忘的体验的同时，也将促使他们学会关怀自我，关怀他人，关怀知识，关怀自然和物质世界，在他们个体生命成长过程中留下永恒的记忆。相信他们在今后的人生道路上，只要拥有了关怀力，不论遇到任何艰难险阻，都能保持积极乐观的心态去解决问题，创造属于自己的未来。

李　唯

2021 年 2 月　于深圳